練習本

# 圖解力教學

## 破解分心世代的
## 學習困境

圖解力教練 **邱奕霖** 著

第一次
圖解教學
就上手

# CONTENTS

◀視覺模板電子檔傳送門

圖 1 龍舟模板

視覺模版設計者：邱奕霖▶
了解更多視覺模板應用請掃碼

圖 2 　衝突解決模板

圖 3　知識地圖模板

視覺模版設計者：邱奕霖▶
了解更多視覺模板應用請掃碼

圖4　圖解新聞模板

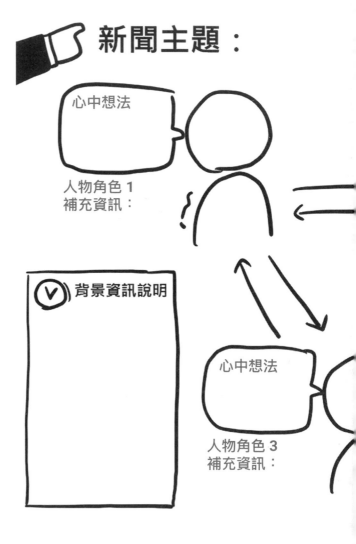

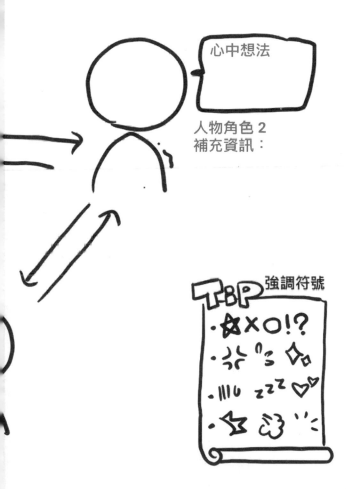

心中想法

人物角色 2
補充資訊：

強調符號

圖5 四格漫畫模板

圖 6　萬用表情包圖

正 向

圖7 表情包模板

加上表情

視覺模版設計者：邱奕霖▶
了解更多視覺模板應用請掃碼

**圖 8** · 圓圈圖

視覺模版設計者：邱奕霖▶
了解更多視覺模板應用請掃碼

圖 9 泡泡圖

視覺模版設計者：邱奕霖▶
了解更多視覺模板應用請掃碼

圖 10　雙泡泡圖

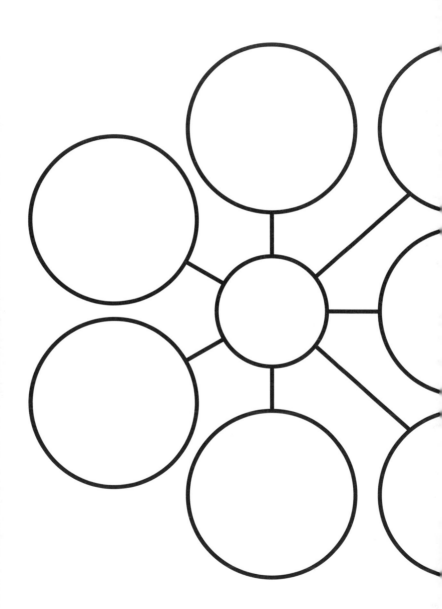

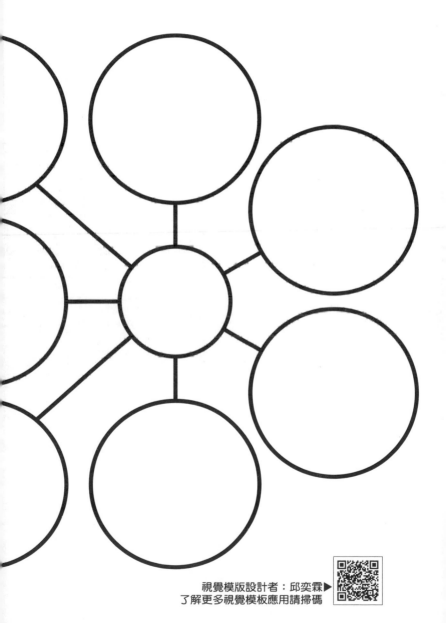

視覺模版設計者：邱奕霖▶
了解更多視覺模板應用請掃碼

圖11　大括號圖

圖 12 探究框架圖

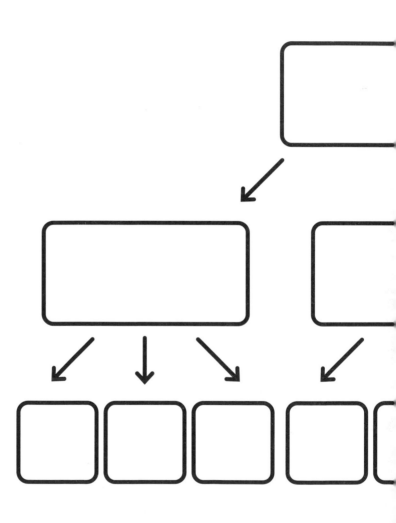

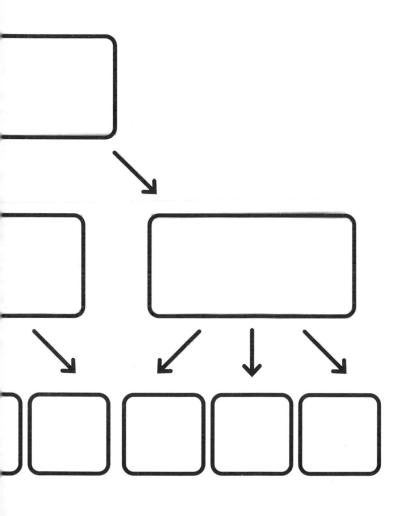

視覺模版設計者：邱奕霖▶
了解更多視覺模板應用請掃碼

圖 13 因果框架圖

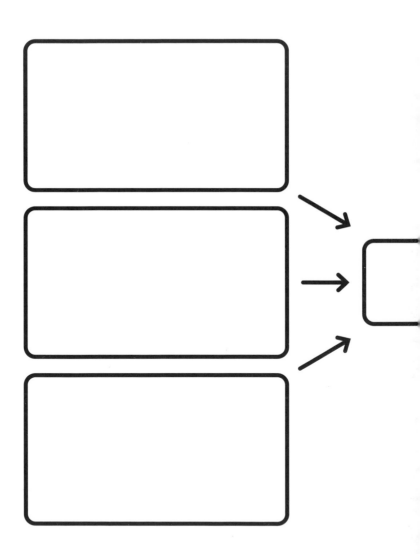

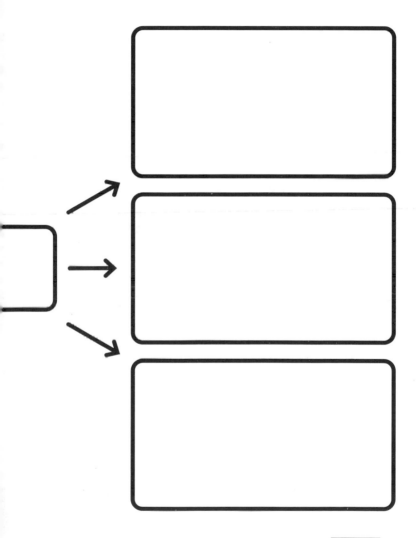

圖 14　問題分析模板

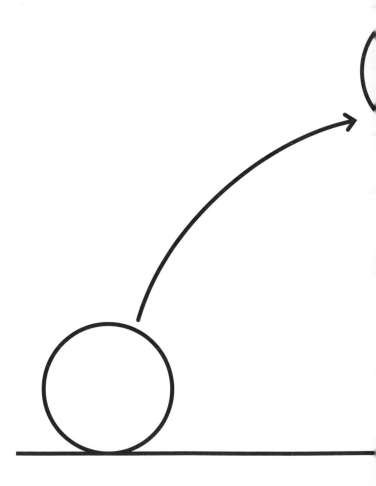

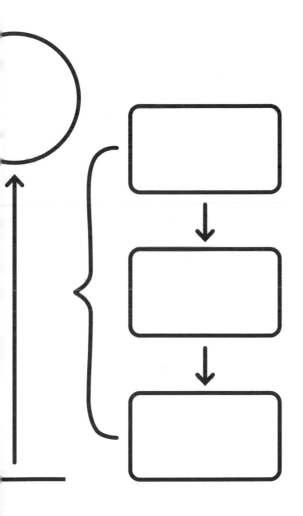

圖 15　GROW 問題解決模板

圖 16 流程圖

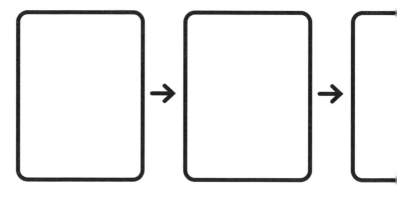

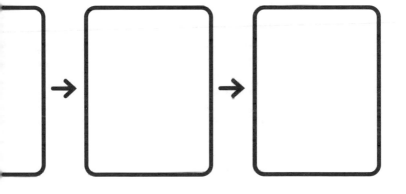

視覺模版設計者：邱奕霖▶
了解更多視覺模板應用請掃碼

圖 17 旅遊筆記模板

視覺模版設計者：邱奕霖▶
了解更多視覺模板應用請掃碼

圖 18　大樹模版

視覺模版設計者：邱奕霖▶
了解更多視覺模板應用請掃碼

圖 19 航海圖模板

視覺模版設計者：邱奕霖▶
了解更多視覺模板應用請掃碼

圖 20　階層框架圖

圖 21　成功學模板

圖 22　OREO 寫作模板

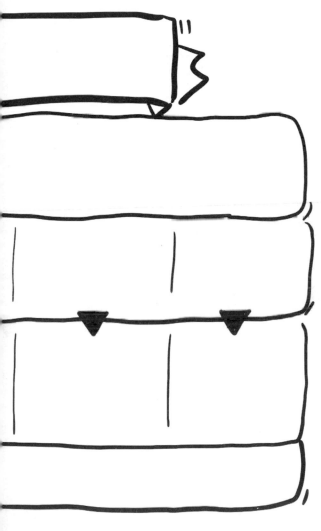

視覺模版設計者：邱奕霖▶
了解更多視覺模板應用請掃碼

圖 23 豹文寫作模板

圖 24　三分法圖解框架

圖 25　發展線圖

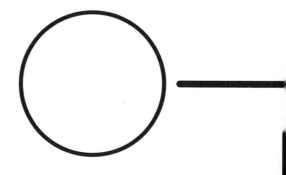

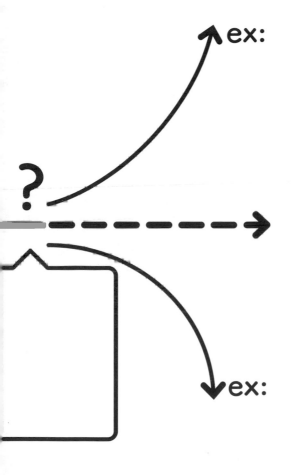

圖 26　未來計畫模板

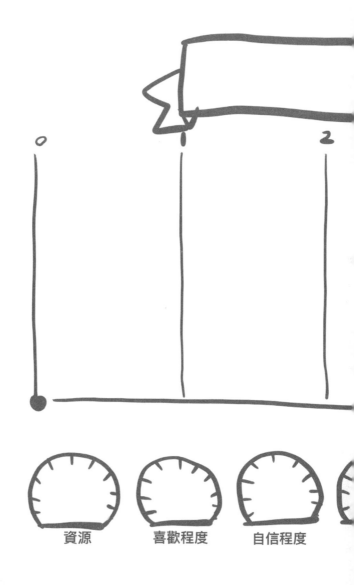

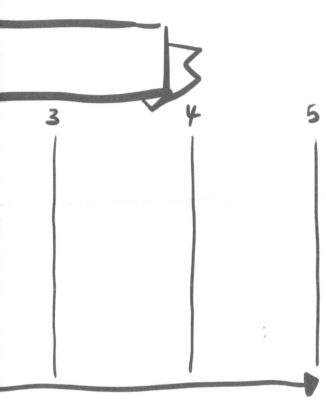

3 4 5

這個計畫要解決的三個問題

1.

2.

3.